SUSTAINABLE DEVELOPMENT GOALS 어린이가 꼭 알아야 할 지속가능발전목표

슬기로운 지구 생활

03 건강한 숲과 땅

글 새런 테일러 | 그림 엘리사 로치
옮김 김영선 | 감수 윤순진

다산어린이

SUSTAINABLE DEVELOPMENT GOALS

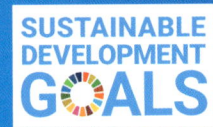

지속가능발전목표

다산북스는 유엔의 지속가능발전목표를 지지합니다.

2015년 유엔(UN, 국제연합)은 지구와 우리의 삶에 영향을 미치는 가장 심각한 문제들을 해결하기 위해 '지속가능발전목표'를 세웠어. '지속가능발전'이란 미래를 위해 환경을 보호하고 사회·경제적 자원을 낭비하지 않으면서 현재의 우리 삶을 더 좋은 방향으로 발전시키는 것을 말해. 이를 위해 전 세계가 2016년부터 2030년까지 달성할 17가지 목표를 정한 거야. 지속가능발전목표는 국가뿐 아니라 시민 하나하나가 일상생활에서 노력해야 이룰 수 있어.

지구의 망가진 숲과 땅을 되살리고 육상 생태계를 보호하려면 무엇을 해야 할까?

슬기로운 지구 생활을 위해!

- 국제적인 약속에 따라 모든 숲과 산, 땅을 보호하고 되살리기.
- 사막화되는 지역, 가뭄과 홍수의 피해를 입은 지역을 비롯해 황폐해진 땅을 복원하기. 더불어 토양의 황폐화를 완전히 끝내는 것을 목표로 삼기.
- 모든 숲을 지속 가능한 방법으로 관리해 삼림 파괴를 막기.
- 파괴된 삼림을 복구하고 나무를 더 많이 심기.
- 생태계와 동식물의 서식지, 생물 다양성을 지키고 멸종 위기에 놓인 동식물을 보호하기.
- 토지를 개발할 때도 생태계와 생물 다양성을 확실히 보호하기.
- 토착종을 위협하는 외래종에 대한 대책 마련하기.
- 보호 동식물의 밀렵과 밀거래 중단하기.
- 숲과 생물 다양성, 생태계를 보호하고 유지하는 사업을 할 수 있도록 기금을 모으고, 기금을 모든 나라에 공정하게 나눠 주기.

차례

6-7	우리의 터전
8-9	함께 사는 생태계
10-11	황폐해지는 땅
12-13	흙에 대한 모든 것
14-15	꼭 필요한 식물
16-17	해로운 화학물질
18-19	산더미 같은 쓰레기
20-21	쓰레기를 줄이는 방법
22-23	숲을 되살리기
24-25	사막화
26-27	생물 다양성
28-29	서식지의 감소
30-31	멸종 위기 동식물
32	성공적인 모범 사례
33	찾아보기

우리의 터전

땅이 없으면 지금 땅 위에 살고 있는 모든 생명체도 존재할 수 없어. 땅은 우리에게 살 곳과 먹을 것은 물론이고 일자리를 주지. 또한 날씨와 우리가 숨 쉬는 공기에도 영향을 미친단다.

하지만 우리는 그동안 소중한 땅을 잘 돌보지 못했어. 수천 년 동안 땅을 함부로 파헤치고, 나무를 심었다가 마구 베어 내고, 제멋대로 건물을 지었지. 없어서는 안 될 지구의 소중한 땅에 우리가 어떤 해를 끼치는지 생각지도 않은 채 말이야.

현대에 들어서 사람들은 천연자원을 함부로 써 대며 땅을 더욱 돌보지 않았어. 오늘날 지구 전체 땅 중 약 4분의 1은 무엇에도 쓸 수 없을 정도로 망가져 버렸지.

숲
나무가 우거진 넓은 땅이야. 브라질과 캐나다, 중국, 러시아, 미국 등 다섯 나라의 숲이 전 세계 숲의 50퍼센트 이상을 차지하고 있어.

초원
대부분이 풀로 덮여 있는 드넓은 땅으로, 지구 전체 땅의 40퍼센트가 초원이야. 주로 초식동물이 풀을 뜯어 먹으며 살고 있어.

방목지
가축을 놓아기르는 넓은 땅이야.

사하라사막 이남 아프리카와 남아시아, 중동, 북아프리카에 있는 땅이 특히 수난을 당하는 중이야. 하지만 이 문제는 이 지역뿐만 아니라 전 세계에 영향을 미치고 있어.

우리는 먹고살기 위해 농사를 짓고 공장을 돌리고 건물을 짓지만 그로 인해 환경이 파괴되지 않도록 해야 해. 이 둘 사이의 균형을 맞추는 것이 중요하단다.

산악 지대

산들이 높게 솟아 있는 지역으로, 높은 만큼 기온이 낮아. 세계에서 가장 높은 산악 지대는 아시아의 히말라야산맥이야.

건조지(마른땅)

비가 적게 내려 건조한 지역으로, 대부분이 아프리카와 아시아에 있어. 지구 전체 땅의 40퍼센트 이상을 차지하지. 전 세계 식량 가운데 약 60퍼센트를 생산하고, 다양한 생물이 자리 잡고 사는 지역이기도 해.

유엔이 정한 열다섯 번째 지속가능발전목표는 우리가 지금까지 지구의 땅을 다루었던 방식을 바꾸는 거야. 이를 위해 숲을 보호하고 망가진 땅을 되살리면서 모든 생물이 살아가는 환경을 개선해야 하지. 그것도 최대한 빨리, 우리 모두 나서야 해.

습지

1년 중 일정 기간 이상 물에 젖어 있거나 잠긴 땅이야. 늪과 수렁, 강 언저리의 습한 땅, 바닷가 근처의 축축한 땅 등이 모두 습지에 해당하지.

함께 사는 생태계

땅에는 수많은 동식물과 미생물이 살고 있어. 건강한 땅이 없다면 생명체도 존재할 수 없지. 한 장소에서 사는 생물들이 다른 생물들이나 환경과 영향을 주고 받으며 사는 복잡한 체계를 생태계라고 해. 한 생태계의 모든 생명체는 서로 의지하며 살아가지. 그래서 생태계의 어느 한 부분에 문제가 생기면 그곳의 모든 생명체가 영향을 받을 수 있어.

 ## 생태계 구성 요소

생태계는 빛과 토양, 물, 공기처럼 생물의 생존에 영향을 미치는 비생물 요소와 생물 요소로 구성되어 있어. 생물 요소는 역할에 따라 생산자와 소비자, 분해자로 나뉘지.

- **생산자** : 무기물을 이용해 스스로 영양분을 만드는 생물이야. 광합성을 통해 햇빛과 물, 이산화탄소로 포도당 같은 영양분을 만드는 식물이 바로 대표적인 생산자란다.
- **소비자** : 생산자나 다른 동물을 먹고 사는 생물이야. 모든 동물은 식물과 달리 스스로 영양분을 만들지 못하기 때문에 소비자에 속하지.
- **분해자** : 세균이나 곰팡이처럼 다른 생물의 사체나 배설물을 분해해 양분을 얻는 생물을 분해자라고 불러.

생태계의 각 요소는 살아남기 위해 서로 의존하고 있어. 땅은 식물이 잘 자랄 수 있도록 영양분이 포함된 흙을 제공하고, 식물은 소비자와 분해자의 먹이가 되지. 그래서 땅이 파괴되면 사람을 포함한 생태계 전체가 위험해지는 거야.

한 번 더 생각해 보기

생태계가 건강하지 않으면 위험한 일이 생길 수 있어. 예를 들어 심각한 질병이 동물에게서 인간에게로 옮겨 가는 거야. 이렇게 동물과 사람 사이에 전파되는 질병을 인수공통감염병이라고 하는데, 전염성이 강하고 치명적이지. 지금 전 세계에 널리 퍼진 코로나19도 인수공통감염병 중 하나란다. 그 밖에도 다양한 인수공통감염병이 있어.

- 말라리아
- 에볼라
- 라임병
- 살모넬라증
- 에이즈
- 광견병

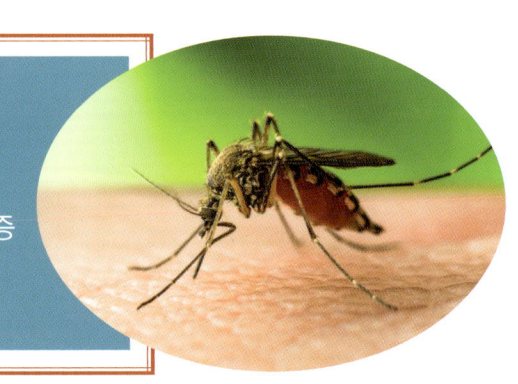

생태계 보호 노력 셋

생태계를 잘 유지하기 위해서는 모든 생물을 보호하는 것이 먼저야.

1. 지난 2021년 6월 5일 '세계 환경의 날'에 유엔은 '생태계복원 10개년 계획'을 선포했어. 70개 국가의 제안으로 시작한 이 사업은 자연과 사람을 위해 생태계를 되살리고 보호하는 것을 목표로 삼았지.

2. '아프리카를 다시 푸르게'라는 뜻을 지닌 '리그리닝 아프리카(The Regreening Africa)' 애플리케이션은 아프리카 8개 나라의 농부들이 생태계를 복원하고 보호하면서 농사를 지을 수 있도록 돕고 있어. 농부들은 애플리케이션을 통해 어디에서, 어떻게, 얼마나 많은 농작물을 키우고 있는지 정보를 주고받을 수 있어.

3. 우리 미래를 위해 반드시 환경과 생태계를 보호해야 해. 유엔 산하기관인 '유엔환경계획'은 전 세계 청소년이 생태계에 대해 얼마나 아는지 알아보기 위해 22개 언어로 설문조사를 실시했어. 설문지에는 각자의 나라나 지역의 토지가 어떻게 복원되고 보호되기를 바라는지 묻는 항목도 들어 있단다.

함께하면 더 강해지는 우리!

2021-2030 생태계복원 10개년

황폐해지는 땅

전 세계 땅 중 3분의 1 이상이 농작물을 키우고 가축을 기르는 데 사용되고 있어. 이처럼 땅은 식량을 생산하는 데 필수적인 요소지만 세계 곳곳의 드넓은 땅이 망가지고 있단다.

자연적인 현상과 인간의 활동 때문에 식물과 가축이 자라는 데 꼭 필요한 토양 속 영양분이 파괴되고 있어. 이렇게 땅이 망가져 쓸 수 없는 상태가 되는 것을 '토지 황폐화'라고 부르지.

 토지 황폐화의 원인

심각한 가뭄과 폭풍, 홍수 같은 자연재해 때문에 땅이 황폐해지기도 해. 특히 아프리카와 아시아의 상황이 심각하지. 이 두 지역에서는 전체 농지의 절반 이상이 황폐해지는 바람에 농사짓기가 어려워져서 사람들이 굶주리고 있어.

세계 인구가 빠르게 늘어난 만큼 필요한 식량의 양도 증가했어. 그래서 농부들이 생산량을 늘리기 위해 땅을 무리하게 사용하다 보니 땅이 더 황폐해진 거야. 실제로 일정한 넓이의 땅에서 수확량을 최대한 늘리는 집약적 농업 때문에 전 세계에서 해마다 240억 톤의 토양이 훼손되고 있어.

석탄과 금속 같은 광물을 캐내기 위해 사용되는 땅도 많아. 광물을 캐내려면 나무를 베고 땅에 큰 굴을 뚫어야 하니 땅이 파괴될 수밖에 없지. 그리고 광산에서 새어 나오는 유독성 화학물질 때문에 땅이 오염되기도 해.

세계 인구가 증가하는 만큼 사람들이 안전하게 살 집도 더 많이 지어야 해. 그래서 도시가 점점 더 커지고, 시골 역시 건물이 마구 들어서며 도시화가 진행되고 있어. 도시화는 땅과 동식물의 서식지를 파괴할 뿐만 아니라 주변 환경을 오염시킨단다.

지구 마을 뉴스

소중한 땅을 보호하는 방법 셋

땅을 조심스럽게 쓰면 땅을 보호하고 황폐화를 막을 수 있어.

1. 중국은 아시아의 생태계 보호와 유지를 목표로 '산수이보호센터'라는 기관을 만들었어. 과학자들이 토지 황폐화 문제를 연구하면서 농부들에게 지속 가능한 농업기술을 가르치고 있지. 티베트고원에 가축을 풀어 놓고 키우는 중국 농부들도 이제 목초지를 되살리려고 애쓰는 중이야. 가축이 한 지역에서 풀을 너무 많이 뜯어 먹지 않도록 가축을 주기적으로 이동시키고 있지.

2. 많은 나라가 특정 구역에서 건축이나 개발을 하지 못하도록 막는 법을 만들었어. 지나친 도시화를 막기 위해 도시 주변에 '그린벨트'라는 개발제한구역을 두는 것이 대표적인 땅 보호법이야.

3. 아시아와 아프리카에 있는 많은 나라의 경우, 토지를 황폐화시키면서 얻은 이익보다 토지를 복구할 때 3배나 더 많은 비용이 들어. 지구환경기금은 이런 나라들을 돕기 위해 이미 1억 3,000만 달러를 제공했지. 이 돈은 황폐해진 땅을 복원하기 위한 160개 이상의 사업에 사용되었단다.

1

3

2

흙에 대한 모든 것

땅에서 가장 중요한 것은 토양, 즉 흙이야. 우리는 대부분의 식량을 흙에서 얻어. 쌀 같은 곡식은 물론이고 우리에게 고기와 달걀, 유제품을 제공하는 가축이 먹는 풀도 흙에서 자라지. 풀과 나무, 곡식 등을 건강하게 키우려면 흙을 조심히 다루고 흙이 좋은 영양분을 품을 수 있도록 도와줘야 해.

물

식물이 잘 자라려면 토양에 물을 적당히 공급하는 것이 중요해.
- 식물 : 식물의 뿌리는 물을 빨아들여서 폭우가 쏟아져도 토양이 깎이지 않도록 도와줘.
- 계단형 수로 : 빗물이 낮은 곳으로 한꺼번에 흘러가지 않도록 비탈을 계단 모양으로 깎거나 돌을 일렬로 늘어놓는 거야.
- 벌레와 곤충 : 땅속으로 파고 들어가서 토질을 좋게 만들고 흙이 더 많은 물을 머금도록 돕는 역할을 해.
- 염분 차단 재료 : 물이 증발하면 농작물의 성장을 막는 염분이 토양에 쌓일 수 있어. 흙 아래에 자갈과 모래를 층층이 쌓으면 염분이 땅의 표면에 닿지 못하도록 막을 수 있단다.
- 댐 : 물을 저장하기 위해 쌓은 커다란 둑으로, 건조한 시기에 물을 제공하지.

표토(겉흙)

표토는 지표면에서 약 13~25센티미터 깊이까지의 흙이야. 토양에서 영양분이 가장 많은 부분이기도 하지.
- 유기체와 다년생 풀들에 의해 표토의 영양분이 재생산되기까지 약 500년이 걸리지만, 황폐화되는 데는 100년밖에 안 걸린단다.
- 현재 새로 생성되는 것보다 더 빠른 속도로 표토가 사라지고 있어.

부식토

부식은 동물의 배설물이나 죽은 동식물이 박테리아와 다른 미생물에 의해 분해되고 썩는 거야.
- 토양 1그램 속에는 최대 5만 종의 미생물이 살고 있어. 미생물은 유기물(생물을 이루는 물질이나 생물이 만들어 낸 화합물)을 분해해서 식물의 성장에 필요한 다양한 영양분을 만들지. 이런 과정을 통해 영양분이 풍부해진 토양을 부식토라고 불러.
- 부식토가 많을수록 인공 비료를 덜 써도 되고 농작물을 더 많이 수확할 수 있어.

밭갈이

- 농사를 짓기 위해 잡초를 없애고 땅을 부드럽게 가는 것을 밭갈이라고 해. 하지만 땅을 지나치게 파고 쟁기질을 너무 많이 하면 오히려 유기물과 수분, 영양분 등이 줄어들어 토양의 질이 나빠질 수 있어.
- 지나친 밭갈이를 피하려고 아예 잡초가 덜 나는 계절에 농작물을 심기도 하지.

곡식 심기

사람들은 세계 곳곳에서 쉬지 않고 점점 더 많은 식량을 생산하고 있어.

- 아프리카의 평균적인 식단은 곡류가 46퍼센트, 육류는 7퍼센트인 반면 서유럽은 곡류가 26퍼센트, 육류는 33퍼센트로 구성되어 있어.
- 곡류 대신 육류를 섭취하는 것이 토양에 이로울 것 같지만, 가축을 사육하기 위한 사료작물 또한 땅에 심어야 한단다.
- 식량을 필요한 만큼 생산하기 위해 농작물을 너무 많이 심다 보면 결국 토양이 황폐해지지.

피복작물(덮기 작물)

- 한 농경지에서 매년 같은 농작물만 키우는 걸 단작이라고 해.
- 단작을 하면 토양에서 특정 영양소가 부족해지고 해충과 잡초도 더 잘 생긴단다.
- 농작물 종류를 주기적으로 바꾸면 흙 속의 영양분을 보호할 수 있어. 이런 목적으로 심는 작물을 피복작물이라고 해. 많은 농부가 농작물을 수확한 뒤부터 새로 씨를 뿌리는 파종기 사이에 완두콩과 콩, 메밀 등을 피복작물로 심고 있어.
- 피복작물을 심으면 토양이 깎이는 것도 막을 수 있단다.

땅속의 영양분

땅속 영양분이 적어지면 땅에서 자란 농작물의 영양분도 줄어들기 마련이야.

- 농작물 속에 들어 있는 단백질과 칼슘, 인, 철분, 비타민 같은 영양분의 양이 70년 전보다 감소했어.
- 지렁이는 땅속으로 파고들어 유기물을 먹고 살면서 땅의 영양분을 늘려 주지.
- 가축의 배설물은 땅을 비옥하게 만드는 데 도움이 돼.

꼭 필요한 식물

우리가 먹는 음식의 80퍼센트 이상이 식물이고, 가축도 식물을 먹고 자라. 게다가 식물은 난방을 하거나 요리를 할 때 혹은 불을 밝힐 때 연료로도 쓰이지. 식물은 또한 섬유, 건축 자재, 약 등의 원료로 쓸 수 있어. 한마디로 식물은 우리 삶에 없어서는 안 될 존재야. 따라서 식물을 보호하고 식물이 자라는 땅을 건강하게 만들어야 해.

 식물의 쓰임새

지구에는 수십만 종의 식물이 있지만, 사람이 먹는 것은 약 120종뿐이야. 그 중에서도 쌀과 밀, 옥수수가 음식의 절반 이상을 차지하지. 그래서 이 세 작물만 많이 심다 보니 땅이 더 황폐해진 거야.

가구와 건축물의 재료로 쓰기 위해 대나무 등 여러 종류의 나무를 키우고 있어. 난방과 요리를 할 때 나무를 연료로 쓰기도 하지. 밀과 옥수수, 콩과 사탕수수 등으로는 식물성 연료를 만들고 있어.

아시아와 아프리카의 여러 나라에서는 사람이 아플 때 식물로 치료하는 경우가 많아. 전통 의학으로 치료하는 사람들은 약초와 꽃, 열매, 뿌리, 잎, 가지 등으로 약을 만들지. 그리고 환자의 소화력과 면역력을 높이기 위해 식물을 사용하기도 한단다.

옷을 만들 때도 식물이 쓰여. 목화로는 티셔츠나 청바지와 여름 원피스에 사용되는 섬유를, 대나무와 유칼립투스로는 침대 시트나 수건처럼 물기를 잘 흡수하는 섬유를, 마와 삼베로는 포대와 밧줄, 매트 등에 쓰는 튼튼한 섬유를 만들지.

지구 마을 뉴스

지속 가능한 해결 방법 넷

한 논밭에서 다양한 농작물을 키우는 것은 땅은 물론 사람에게도 좋단다.

1. 유엔은 2023년을 '세계 조의 해'로 정했어. 조는 아시아와 아프리카의 건조한 지역에서 잘 자라는 작물로, 다양한 영양소가 풍부하게 들어 있지. 밀과 쌀, 옥수수 대신 조를 키우면 토지 황폐화를 줄이고, 식단도 개선하고, 곡물 수확량도 늘릴 수 있어.

2. 구호단체인 옥스팜(Oxfam)은 가족의 생계를 책임지는 여성 농부들을 교육하는 중이야. 땅을 보호하는 지속 가능한 농업 방식을 사용하도록 돕고, 토지 황폐화에 대처하는 방법을 알려 주고 있지.

3. 도움이 절실한 나라의 농부들을 지원하는 기관도 있어. '국제 반건조열대작물 연구소'는 인도 및 아프리카의 지역사회와 협력해 농사법을 개선하고 농업을 발전시키기 위해 힘쓰고 있어.

4. '글로벌 기후변화 연합플러스' 프로그램은 세계에서 개발이 가장 뒤처진 지역이 기후변화에 잘 대처할 수 있도록 돕고 있어. 차드의 여성 농부들은 차드호에서 물속 식물인 스피룰리나를 수확해. 스피룰리나는 영양이 풍부해서 전 세계 기아(굶주림)와 영양실조를 해결하는 데 도움이 돼.

해로운 화학물질

사람이 살아가기 위해 농작물을 심고 가축을 키우는 건 어쩔 수 없지만, 땅에 해로운 농사법을 쓰는 게 문제야. 짧은 시간에 농작물을 최대한 많이 생산하기 위해 화학비료나 농약을 사용하는데, 이런 제품이 오히려 땅을 오염시키고 생태계의 동물들을 해칠 수 있거든.

 **이로울까, 해로울까?**

농약은 해충과 잡초를 죽이지만, 토양과 환경에 해로운 화학물질이 들어 있어. 때로는 화학물질이 바람을 타고 근처 들판으로 날아가 다른 농작물을 죽이기도 하지.

애벌레나 딱정벌레 같은 곤충은 농작물을 갉아 먹고 밭 전체를 망가뜨리는 해충이야. 농작물 주변에 뿌리 내린 잡초는 농작물로 가야 할 영양분을 빼앗아 농작물의 수확량과 품질을 떨어뜨리지. 그래서 해충과 잡초로부터 농작물을 지키기 위해 살충제와 제초제 같은 화학물질을 뿌리는 거야.

많은 농부들이 농작물을 더 많이 수확하기 위해 화학비료를 사용하고 있어. 흙 속의 영양분을 늘리려고 인과 칼륨, 질소 등을 보태는 거야. 하지만 화학비료를 너무 많이 쓰면 토양에 염분이 쌓이고 물이 오염되는 데다 주변의 다른 생태계에 피해를 줄 수 있어.

한 번 더 생각해 보기

과학자들이 더 빨리, 더 튼튼하게 자라도록 유전자를 인공적으로 바꾼 농작물도 있어. 이런 유전자 변형 농산물(GMO)은 질병과 해충, 제초제를 잘 견디고, 자연 그대로의 농산물보다 더 많은 영양소가 들어 있지. 농사 비용도 훨씬 적게 들어서 미국에서 나는 대두와 목화, 옥수수는 대부분 유전자 변형 농산물이야. 물론 자연적인 방식은 아니지만, 과학자들은 이것으로 미래에 전 세계적으로 발생할 기아 문제를 해결할 수 있다고 믿는단다.

미래를 위한 농업 방식 넷

우리가 함께 노력하면 살충제와 화학물질을 너무 많이 사용하지 않는 농업 방식을 찾을 수 있어.

1. 정밀농업은 컴퓨터와 인공지능을 이용해 농작물에 필요한 물질을 언제, 어떻게 공급할지 알아내는 농업 기술이야. 이 기술을 이용하면 제초제를 밭 전체가 아니라 필요한 곳에만 뿌릴 수 있어.

2. 한국은 벼농사에 친환경 우렁이 농법을 시행하고 있어. 우렁이는 풀을 좋아해서 농약을 사용하지 않고도 잡초를 제거할 수 있지. 다만 왕우렁이는 번식력이 엄청나 생태계를 교란하기 때문에 논 밖으로 나가지 못하게 차단 망을 설치하는 등 관리가 필요해.

3. 일본은 벼농사에서 해로운 살충제를 대신할 친환경적인 해결책을 찾아냈어. 오리를 논에 풀어 해충을 비롯해 잡초와 잡초 씨앗을 먹게 하는 방법이야. 오리는 벼를 좋아하지 않아서 벼의 성장에 방해가 되는 것만 먹어 치운대.

4. 덴마크, 오스트리아, 태국, 인도 등 많은 나라에서 화학 살충제를 사용하지 않는 유기농업을 지원하고 있어. 프랑스에서는 여러 국제단체가 모여서 해마다 '농약퇴치 행동주간'이라는 행사를 열고 있지. 이때 건강과 생태계를 위협하는 농약의 위험성에 대해 알리고 농약 없는 세상에 한걸음 더 다가가는 방법도 가르쳐 준단다.

산더미 같은 쓰레기

필요한 물건이 많을수록 버리는 물건도 더 늘어나는 것 같아. 플라스틱부터 먹지 않고 남은 음식, 입지 않아 버리는 옷, 회사와 공장에서 나오는 폐기물까지 매일 버려지는 쓰레기의 양이 어마어마하지. 문제는 쓰레기를 모아 처리하고 폐기하는 과정에서 땅은 물론 환경 전체가 오염된다는 사실이야.

 ## 쓰레기를 줄이자

2016년 세계은행은 도시에서 발생한 쓰레기의 양이 1인당 하루 약 1.2킬로그램으로, 1년이면 총 438킬로그램이나 된다고 발표했어. 게다가 그 양이 계속 늘고 있어서 2050년이면 전 세계 쓰레기가 지금보다 70퍼센트나 더 증가할 거래.

음식물처럼 박테리아와 미생물에 의해 분해되어 썩는 물질의 특성을 생분해성이라고 해. 반대로 플라스틱이나 금속처럼 썩는 데 수천 년이 걸릴 만큼 잘 분해되지 않는 것은 비생분해성이라고 하지. 비생분해성 쓰레기 중 일부는 재활용되지만, 대부분은 그냥 거대한 쓰레기 매립지에 묻히고 있어.

분리수거를 제대로 하지 않은 쓰레기는 모두 매립지에 묻혀서 땅을 오염시키기 때문에 쓰레기를 잘 처리하는 것이 매우 중요하단다. 환경과 땅을 보호하기 위해서는 생분해성 쓰레기와 비생분해성 쓰레기를 나누어서 처리하고, 재활용할 수 있는 쓰레기는 따로 모아야 하지.

다음 물건들을 재활용하면 환경오염을 줄이는 한편 에너지도 절약해 돈을 아낄 수 있어.
- 플라스틱 : 수천 리터의 석유와 휘발유, 에너지를 절약할 수 있지.
- 종이 : 재생지를 1톤 쓰면 나무 17그루와 물 2만 6,500리터를 아낄 수 있어.
- 유리 : 1톤을 재활용하는 건 냉장고가 6주 동안 작동하는 에너지를 절약하는 것과 같아.
- 음식물 쓰레기 : 채소와 과일, 티백 같은 것으로 훌륭한 퇴비를 만들 수 있어.
- 금속 : 새 알루미늄 캔을 하나 만들려면 캔을 재활용할 때보다 20배나 많은 에너지를 써야 해.
- 전자기기 폐기물 : 수 톤의 구리와 은, 금, 팔라듐 금속 등을 아낄 수 있어.
- 직물 : 옷과 직물은 거의 100퍼센트 재활용이 가능해.

지구 마을 뉴스

현명한 쓰레기 처리법 넷

쓰레기를 줄이는 가장 좋은 방법은 최대한 적게 사용하고, 재사용하고, 재활용하는 거야.

1. 유럽과 미국에서는 낡거나 고장 난 가전제품을 폐기하기 위해 아프리카와 아시아로 보내는 경우가 많아. 이 폐기물을 처리하는 과정에서 독성 물질이 흘러나와 환경을 오염시키지. 그래서 가나에서는 위험한 폐가전을 관리하기 위해 한층 엄격한 법을 만들었단다.

2. 2001년, 스웨덴의 쓰레기 중 20퍼센트 이상이 쓰레기 매립장으로 향했어. 하지만 현재는 대부분의 쓰레기가 연료로 재활용되고 있지. 재활용과 재사용을 통해 단 20년 만에 쓰레기 배출량을 0에 가까울 만큼 줄이는 '제로 웨이스트(zero waste)' 목표에 거의 다다른 거야.

3. 많은 나라가 일회용 비닐봉지 사용을 금지하고 있어. 재활용 쓰레기를 자동으로 분류하고 부수는 스마트 쓰레기통을 사용하거나 음식물 쓰레기로 퇴비를 만들기도 해.

4. 일본의 가미카쓰 마을은 모든 것을 재사용하거나 재활용하고 있어. 쓰레기를 45개 종류로 분리 수거하고, 처음부터 쓰레기를 만들지 않는 방법으로 제로 웨이스트를 달성했지.

아껴 쓰기!
재사용!
재활용!

쓰레기를 줄이는 방법

환경을 깨끗하게 유지하는 데 도움이 되는 것은 무엇일까? 최대한 적게 사고, 아껴 쓰고, 중고품을 사거나 재사용하고, 재활용하면 쓰레기를 줄일 수 있어. '아껴 쓰기, 재사용, 재활용'을 꼭 기억하자!

가방

물건을 사러 갈 때는 장바구니를 꼭 챙겨 가자. 만약 계산대에서 일회용 비닐봉지를 준다면 거절해야 해.

병

다양한 음료를 담을 수 있도록 재사용이 가능한 물병을 하나 사는 건 어떨까? 일회용 플라스틱 쓰레기의 양을 줄일 뿐 아니라, 페트병에 담긴 생수를 사는 대신 물병에 물을 넣어 다니면 돈도 아낄 수 있으니 말이야.

컵

매일 아침 수백만 명이 출근길에 커피를 사고 패스트푸드 가게에서 밀크셰이크나 탄산음료를 마셔. 그런데 이때 사용하는 컵은 모두 일회용이야. 모든 사람이 일회용품 대신 다시 사용할 수 있는 컵을 쓰면 쓰레기가 아주 많이 줄어들 거야.

일회용품

일회용 플라스틱은 재활용을 할 수 없어. 게다가 일회용 플라스틱 제품이 꼭 필요한 것도 아니야. 다음의 물건 대신 어떤 것을 사용하면 쓰레기를 줄일 수 있을지 생각해 보자.

- 페트병과 플라스틱 뚜껑이나 마개
- 음식 포장지
- 빨대와 일회용 식기
- 일회용 컵과 음료를 저을 때 쓰는 플라스틱 막대
- 가벼운 식료품 비닐봉지
- 스티로폼으로 만든 음식 용기
- 커피 캡슐
- 물티슈
- 일회용 면도기
- 담배꽁초

미세 플라스틱

화장품의 성능을 높이기 위해 미세 플라스틱이라는 아주 작은 플라스틱 알갱이를 쓰기도 해. 이것을 사용하지 못하도록 금지하는 나라도 많지만 모든 나라가 그런 것은 아니야. 화장품을 살 때 꼭 성분을 확인하고 천연 성분으로 만든 제품을 고르는 것이 좋단다.

먹거리 쇼핑

음식은 가능하면 가까운 지역에서 생산된 것과 식물성 식품을 사는 것이 좋아. 그리고 적은 양으로 나누어 포장한 식품 대신 크게 하나로 묶인 것을 고르는 거야. 물론 포장되지 않은 것을 사면 더 좋지.

퇴비

먹다 남은 음식과 가지치기를 해서 나온 나뭇가지나 잎을 이용해 영양분이 풍부한 비료를 만들 수 있어. 이렇게 만든 비료를 쓰면 나무도 쑥쑥 자라고, 쓰레기 매립지나 폐기물 처리시설로 가는 쓰레기도 줄겠지?

중고품

새 옷을 사기 전에 꼭 필요한지 한 번 더 생각해 봐. 이미 가지고 있는 옷도 더 입을 만한지 확인하고, 오래된 옷에서 따로 떼서 다시 쓸 만한 부분이 있는지도 살펴보자. 무턱대고 새 옷을 구매하기 전에 중고 옷을 사거나 친구들과 옷을 바꿔 입는 것도 좋은 방법이야.

4월 22일 '지구의 날'을 기념하며 환경보호의 중요성을 되새기자!

숲을 되살리기

인구가 늘고 식량과 집이 더 많이 필요해지면서 지구 곳곳의 수많은 숲이 빠른 속도로 사라지고 있어. 농장을 만들기 위해, 연료로 사용하거나 건물을 짓기 위해 나무를 베어 버리기 때문이야. 숲이 심각하게 파괴된 곳은 토지가 깎이고 황폐화가 진행되고 있어.

 생명과 땅에 필수적인 나무

약 1만 년 전에는 숲이 전 세계 땅의 거의 60퍼센트를 차지했지만 지금은 30퍼센트 정도밖에 안 돼. 사람들이 해마다 150억 그루의 나무를 베고 있거든. 이건 우리가 새로 심는 나무보다 훨씬 많은 수야.

숲은 우리 생태계에서 꼭 필요한 존재야. 곤충을 포함해 수많은 동식물에게 살 곳을 제공하는 것은 물론, 나무 뿌리는 토양이 깎이는 것을 막아 주거든. 또한 나무는 사람이 숨을 쉴 수 있도록 산소를 내뿜고, 우리가 내뱉는 이산화탄소를 흡수하지.

지금도 세계 곳곳에서 소를 키우는 목장을 만들거나 대두와 기름야자 같은 작물을 재배하는 농지를 만들기 위해 나무를 베고 있어. 이것이 바로 오늘날 삼림 파괴의 주요 원인이야. 2020년에만 열대우림에서 1분당 12만 제곱킬로미터가 넘는 숲이 사라졌는데 이건 축구장 30개 크기와 같단다.

한 번 더 생각해 보기

숲이 사라지자 그곳에 살던 많은 동물이 살 곳과 먹이를 찾아 떠나야 했어. 원래 북아메리카의 숲에서만 살던 미국너구리는 숲이 파괴되자 조그만 산과 해안의 습지 주변은 물론이고 도시에도 나타났지. 도시에서는 미국너구리를 유해 동물로 취급하는데 말이야. 이 밖에 노랑꼬리양털원숭이를 비롯한 여러 동물이 새로운 환경에 잘 적응하지 못하고 멸종 위기에 처했지.

사라진 숲을 되살리는 노력 셋

나무를 많이 심으면 지구 생태계를 건강하게 만들 수 있어.

1. 2007년, 아프리카연합은 '아프리카 녹색장성사업'을 시작했어. 이 사업은 아프리카 서쪽의 세네갈에서 동쪽의 지부티까지 이어지는 약 8,000킬로미터 길이의 땅에 나무를 심어 황폐한 땅을 복구하는 것을 1차 목표로 삼았어. 그 결과 지금까지 약 20퍼센트에 달하는 땅을 되살릴 수 있었지. 이 사업은 아프리카 국가뿐만 아니라 지구 전체 환경에도 긍정적인 영향을 미친단다. 그래서 2021년 1월, '원플래닛 정상회의(One Planet Summit, 하나의 행성 정상회의)'에서 녹색장성사업을 위해 140억 달러가 넘는 돈을 기부한 거야.

2. 탄자니아에서는 월드랜드재단이 숲을 복원하기 위해 울루구루산맥에 수백만 그루의 나무를 심는 중이야. 파키스탄에서는 전국의 숲과 보호지역을 되살리는 것을 목표로 '100억 그루 나무 심기' 운동을 벌이고 있지.

3. 전 세계 수많은 기관과 자선단체가 다양한 종류의 나무 심기 사업에 자금을 지원하고 있어. 더불어 소규모로 농사를 짓는 농부들에게 땅을 관리하는 법과 물을 모으고 아끼는 법, 식물을 관리하는 법 등을 가르쳐 주고 있단다.

사막화

토지 황폐화가 심해지면 더 이상 식물이 자랄 수 없는 땅이 되고 말아. 먹을 만한 식물이 사라지면 동물이 굶주리고 마침내 땅이 사막으로 변하지.

사막화란 오랜 가뭄과 삼림 파괴, 과도한 개발 때문에 사막이 아닌 지역이 점점 사막으로 변하는 거야.

 메마르고 버려진 땅

나미비아의 나미브-나우클루프트 국립공원처럼 건조한 지역에 가뭄이 들면 맨 먼저 식물이 사라져. 대기가 건조하니까 비 내리는 양이 더욱 줄어서 땅에는 흙먼지만 남게 되지. 강한 바람이 흙먼지를 날리면서 결국 점점 더 넓은 지역이 사막으로 변해.

2021년에는 전 세계적으로 기록적인 가뭄이 발생해서 1분당 수십만 제곱미터의 땅이 사막으로 바뀌고 수백만 톤의 농작물이 죽어 버렸어. 자신이 직접 재배한 농작물로 살아가던 사람들은 더 이상 가족과 가축을 돌보지 못하는 상황에 처했지.

땅의 사막화는 그 지역 주변에 사는 사람과 동물에게 심각한 영향을 끼쳐. 물을 구하기 어렵고 농작물은 제대로 자라지 못하고 사람과 동물이 먹을 식량이 부족해지거든.

세계인 중 약 20억 명이 사막화가 진행될 정도로 건조한 땅에 살고 있어. 삼림이 파괴되고 사막화가 계속 진행돼 땅이 황폐해지면 그곳에 살던 사람들도 비옥한 땅을 찾아 떠나야 하지. 이런 이유로 앞으로 10년 이내에 약 5,000만 명이 새로운 터전을 찾아야 할 거래.

지구 마을 뉴스

사막화를 멈추는 노력 넷

여러 국제단체의 도움도 받고 모두 함께 노력하면 땅의 상태를 개선할 수 있어.

1. 국제식량농업기구는 '사막화 대응행동'이라는 사업을 통해 아프리카 10개 나라를 지원 중이야. 주로 소규모로 농사짓는 농부들에게 지속 가능한 농사법을 비롯해 건조 지역의 숲과 방목지를 되살리는 방법을 알려 주고 있어.

2. 유엔은 2010~2020년을 '사막화 방지와 사막을 위한 유엔의 10년'으로 지정했어. 그 결과, 현재 100개 이상의 나라가 사막화를 막고 토지가 황폐화되는 것을 완전히 중단하기 위해 노력하게 됐지. 이 사업의 최종 목표는 지역사회가 모두 힘을 합쳐 땅을 복원하는 거야.

3. 세계은행과 세계자연기금, 세계자연보전연맹은 사막화를 막고 황폐해진 땅을 비옥하게 만들기 위해 협력하고 있어. 특히 아프리카 남부의 생태계, 동아프리카와 서아프리카의 사바나(열대초원), 중앙아시아의 초원과 사바나, 키 작은 나무들이 숲을 이룬 관목지의 복원에 집중하고 있단다.

4. 많은 농부들이 사막화를 막고 토지를 기름지게 만드는 방법을 배우고 있어. 땅에 반원 모양으로 구덩이를 파서 빗물을 모아 두는 빗물 제방도 그 중 하나야. 빗물 제방을 만들면 토질이 서서히 좋아져서 다시 식물이 자라게 되는데, 이 과정을 재녹지화라고 하지.

생물 다양성

건강한 땅은 거의 모든 생태계에 필수적인 요소야. 땅이 건강하려면 땅속과 땅 위, 땅 주변에 사는 다양한 동식물이 각자의 생존을 위해 함께 일해야 하지. 지구에는 다양한 생물이 뒤섞여 살아가고 있어. 그런데 모든 대륙, 특히 남아메리카와 카리브해 주변, 아프리카와 아시아에서 생물 다양성이 감소하고 있어. 말 그대로 생물의 종이 줄어든다는 뜻이야. 이 때문에 세계에서 가장 가난한 지역에서 토지 황폐화가 더 빠르게 진행되고 있단다.

다양할수록 좋아

생물 다양성은 농업에서 특히 중요해. 전 세계 농작물의 75퍼센트 이상이 번식할 때 어떤 식으로든 동물에 의한 꽃가루받이에 의존하고 있어. 만약 꽃에서 꽃으로 꽃가루를 옮기는 벌이나 나비, 새, 말벌, 박쥐, 딱정벌레, 작은 포유동물 등의 수가 줄어들면 많은 식물이 번식에 실패할 거야.

생물 다양성이 줄면 생태계가 약해지고 환경도 해충과 질병에 취약한 상태가 되지. 살충제를 조금만 사용해도 생태계의 건강에 꼭 필요한 곤충과 조류, 양서류 등이 감소할 수 있어.

세계자연기금의 《지구생명보고서 2020》에 따르면, 전 세계의 동물 수가 1970년 이후 70퍼센트 가까이 줄었어. 남아메리카는 동물 수의 감소율이 94퍼센트나 되지. 세계자연보전연맹은 멸종 위험도를 기준으로 동식물을 9개 등급으로 분류해 '적색목록'을 작성했는데, 이 목록에 따르면 4만 종이 넘는 동식물이 멸종 위기에 처했어. 그리고 수천 종의 나무 역시 빨리 보호해야 할 상태야.

한 번 더 생각해 보기

많은 동식물이 외부에서 새로 들어온 더 강한 종 때문에 사라질 위험에 놓이기도 하지. 황소개구리나 돼지풀처럼 다른 지역에서 들어온 동식물을 외래종이라고 해. 외래종이 원래 살고 있던 토착종을 죽여서 생태계의 균형을 무너뜨리는 경우가 많아.

생물 다양성을 보전하는 노력 넷

생태계와 환경을 보호하기 위해 모든 사람이 힘을 합쳐야 해.

1. 지구환경기금은 유엔환경계획과 30년 넘게 협력하면서 전 세계 150개국의 생물 다양성 유지를 위해 노력해 왔어. 국립공원과 보호구역을 보존하고, 다양한 생물을 보호하며 지식을 공유하고, 미래를 위한 계획을 세우는 등 여러 사업에 6억 6,000만 달러 이상 투자했지.

2. 많은 나라가 시민들이 생물 다양성을 보전하기 위한 활동에 참여하도록 이끌고 있어. 아일랜드는 '아일랜드전역 매개곤충계획'이라는 사업을 통해 농부와 지역사회의 지도자, 사업가와 원예 용품점 주인, 스포츠 동호회 회원 등 다양한 사람들에게 그들의 거주지 주변에 사는 꽃가루 매개 곤충과 그 곤충을 보호하는 방법에 대해 알려 주었지. 이탈리아의 초등학생들은 생물 다양성을 유지하기 위해 벌과 나비 등의 곤충이 편안하게 살 수 있는 곤충 호텔을 짓고 있단다.

3. 국제산림관리협의회와 열대우림동맹은 지구의 자원과 생물 다양성의 보존을 목표로 활동하는 국제단체야. 이들과 뜻을 같이하는 기업이 생산한 제품의 라벨에는 이 단체들의 인증 마크가 표시되어 있어.

4. 생태계를 연구하는 생태학자들은 다른 나라에서 들여올 제품이 안전한지 판별해서 위험한 외래종의 수를 줄이는 데 도움을 주지.

서식지의 감소

땅에 사는 생물은 확인된 것만 약 600만 종인데 이들 중 상당수가 집을 잃을 처지에 놓였어. 서식지가 파괴되고 땅이 너무 황폐해져서 먹을 것과 살 곳과 새끼를 키울 곳을 찾기 힘들어졌지. 과학자들은 현재 상태가 지속되면 동식물 중 10퍼센트는 심각한 멸종 위기에 처했다가 서식지가 끝내 복구되지 않을 경우 멸종될 거라고 경고했어.

아래는 서식지가 파괴되어 적색목록의 '위급' 등급에 속할 정도로 심각한 멸종 위기에 놓인 동물들이야.

둥근귀코끼리

유엔에 따르면, 지난 120년 동안 땅에 사는 토착종의 수가 최소 20퍼센트 줄었어.

아프리카와 남아메리카, 아시아의 열대지방과 열대우림의 넓은 토지가 팜유 작물을 재배하기 위해 개간되었어. 이 때문에 서식지가 파괴된 오랑우탄과 호랑이, 코끼리와 코뿔소 등 다양한 동물이 멸종할 위험에 처했지.

수마트라호랑이, 말레이호랑이

수마트라오랑우탄, 보르네오오랑우탄, 타파눌리오랑우탄

수마트라코뿔소, 자바코뿔소, 검은코뿔소

동부고릴라, 서부고릴라

토지 황폐화와 서식지 파괴를 막기 위해 우리가 할 수 있는 일이 많아. 우리의 행동 방식을 조금 바꿔도 멸종 위기에 처한 동식물의 서식지를 구하고 멸종을 막을 수 있어. 그중에서 딱 10가지만 소개할게.

서식지를 보호하는 10가지 방법

- 방해 금지! 동물의 서식지가 보이면 그냥 내버려 두기.
- 벌이나 새 등 곤충이나 동물이 살 수 있도록 정원에 나무와 꽃을 심기.
- 화학비료 대신 집에서 만든 퇴비 사용하기.
- 음식 라벨 확인하기! 먹는 고기의 양을 줄이고, 팜유가 함유된 음식을 피하고, 제품에 국제산림관리협의회와 열대우림동맹의 인증 마크가 있는지 살펴보기.
- 제로 웨이스트를 달성하기 위해 쓰레기를 최대한 재활용하기.
- 재생지 같은 재활용 제품 구매하기.
- 토지보호 활동을 하는 시민단체에 기부하기.
- 자신이 사는 지역의 공원과 야생동물 보호구역, 자연 보호구역 지키기.
- 물과 땅이 오염되지 않도록 변기에 쓰레기 버리지 않기.
- 외래종 식물의 씨앗이 신발 바닥에 붙어 있을 수 있으므로 다른 지역에 들어가기 전에 신발을 깨끗하게 털기.

레서판다

검은발족제비

아프리카들개

보노보

북극곰

동식물의 서식지를 보호하자!

우리가 사는 지역의 동식물의 자연 서식지를 보호하거나 되살리는 데 도움이 되려면 무엇을 해야 할지 고민해 봐.

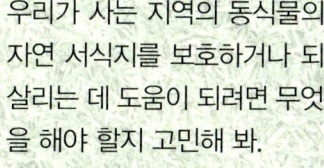
독화살개구리

제왕나비

세계자연보전연맹 적색목록에서 아직은 멸종 위험도가 매우 높은 '위급' 단계는 아니지만 그 수준에 점점 가까워지는 동식물이 아주 많아. 북극곰은 서식지인 해빙과 만년설이 녹고 있어서 '취약' 등급이고, 독화살개구리 역시 열대우림이 파괴되어서 '위기' 등급에 올랐어. 곤충 역시 적어도 10퍼센트는 멸종 위기 상태란다.

멸종 위기 동식물

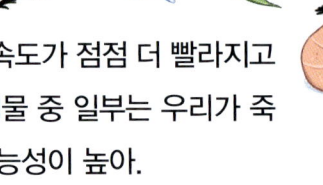

세계자연보전연맹에 따르면, 현재 4만 종 이상의 동식물이 멸종할 위기에 처해 있어. 동식물의 멸종은 자연스러운 현상이지만 인간이 지구를 대하는 방식 때문에 그 속도가 점점 더 빨라지고 있어. 땅 위에 사는 동식물 중 일부는 우리가 죽기 전에 먼저 멸종할 가능성이 높아.

 얼마 남지 않았어

세계자연보전연맹의 적색목록은 지구의 모든 동식물을 멸종 가능성에 따라 9등급으로 분류하고 있어.

- 멸종
- 야생 멸종
- 위급
- 위기
- 취약
- 취약근접
- 관심대상
- 정보부족
- 미평가

영양의 한 종류인 긴칼뿔오릭스는 2000년부터 야생에서 멸종된 것으로 분류됐어. 현재 동물원이나 자연 보호구역에서만 볼 수 있는데, 번식시킨 다음 다시 야생으로 보낼 계획이야. 식물은 1900년 이후 3년에 8종꼴로 멸종되고 있어.

오늘날 멸종 위기에 처한 종의 대다수는 열대 지역의 섬과 산악 지대, 중앙아메리카와 남아메리카를 비롯해 남아시아와 동남아시아, 사하라사막 이남 아프리카에 살고 있어. 과학자들은 불과 수십 년 안에 전 세계적으로 100만 종의 동식물이 멸종 위기에 처할 것이라고 경고했단다.

지구 마을 뉴스

자연재해나 의도하지 않은 인간의 행동만이 동식물을 위협하는 건 아니야. 돈을 벌기 위해 동물을 불법으로 사냥하거나 덫을 놓아 죽이는 사냥꾼도 있거든. 유엔은 120개국에서 약 7,000종이나 되는 동식물이 불법으로 거래되고 있다고 밝혔어. 밀렵과 밀거래로 멸종될 위기에 처한 육지의 동식물과 그 이유는 다음과 같아.

- 자단나무 : 좋은 열대 목재라서.
- 아프리카코끼리 : 상아를 얻기 위해.
- 파충류 : 가죽과 고기를 얻거나 반려동물로 키우려고.
- 코뿔소 : 뿔을 얻고 싶어서.
- 천산갑 : 비늘을 얻기 위해.
- 대형 고양잇과 동물 : 뼈, 가죽, 발톱, 이빨을 얻기 위해.

멸종을 막기 위한 노력 넷

많은 나라들이 멸종 위기에 처한 동식물을 보호하고자 노력 중이야.

1. 천산갑은 세계에서 가장 많이 밀거래되는 동물 중 하나야. 중국에서는 천산갑의 비늘이 인기 있는 한약 재료이고, 아프리카와 아시아에서는 천산갑 고기를 별미로 치거든. 많은 나라에서 법으로 천산갑 밀렵을 금지하고 있어. 아프리카 가봉에서는 천산갑을 위해 '야생동물포획단'을 만들고 지피에스(GPS) 추적기를 천산갑 비늘에 부착해 면밀하게 관찰 중이야.

2. 미국은 동물의 멸종을 막기 위해 '멸종위기종법'이라는 법을 만들었어. 이 법은 자이언트판다, 회색늑대, 인도코끼리, 회색곰, 프셰발스키말 같은 동물들을 보호하는 데 큰 도움이 되고 있단다.

3. 미국 농무부의 종자은행이나 호주의 곡물유전자은행 같은 종자은행은 식물의 멸종을 막는 데 기여하고 있어. 종자은행은 씨앗을 수집하고 재배해서 다시 세상에 나누어 주는 역할을 하지.

4. 세계자연기금은 2013년부터 나미비아 정부 및 '코뿔소살리기협회'와 협력해 코뿔소를 보호하고 야생동물 관련 범죄를 예방하기 위해 힘쓰고 있어. 덕분에 2012~2017년에 아프리카 남서부의 검은코뿔소 수가 11퍼센트 이상 증가했지만 적색목록에서는 아직도 멸종 위험이 매우 높은 위급 단계야.

성공적인 모범 사례

많은 나라들이 파괴된 땅과 숲을 되살리기 위해 노력하면서 큰 성과를 거두고 있어. 그중 에티오피아와 독일, 노르웨이의 이야기를 소개할게.

땅을 되살리는 에티오피아

에티오피아는 1990년대 후반, 50만 제곱킬로미터의 땅을 되살리겠다고 약속한 뒤로 큰 성과를 거두고 있어. 땅이 복원되고 물 사정이 좋아지면서 많은 건조지에 다시 풀과 나무가 우거지고, 전국의 농경이 개선되었지. 2019년 7월, 에티오피아 사람들은 하루에 나무를 약 3억 5,000만 그루나 심어서 세계기록을 세웠단다.

재활용 모범 국가 독일

독일은 재활용률이 세계에서 가장 높은 나라 중 하나야. 대부분의 마트에 설치한 재활용품 수거 기계에 페트병이나 캔, 병 등을 넣을 때마다 돈을 돌려받을 수 있게 한 정책이 도움이 됐지. 2019년 1월에는 포장재 쓰레기가 나오는 것을 줄이고 지속 가능한 제품을 사용하도록 하는 '신포장재법' 법률안이 통과되었어.

삼림을 파괴하지 않는 노르웨이

노르웨이는 세계 최초로 삼림을 파괴하지 않는 나라가 될 것이라고 선포했어. 그 뒤부터 노르웨이 정부는 어떤 식으로든 삼림 파괴에 영향을 미친 기업과는 일하지 않고 있단다. 그리고 시민들에게 넓은 땅에서 나무를 베어 내는 것과 관련된 제품을 사용하지 말라고 권했지.

아직 남은 과제

다음 나라들은 해결하지 못한 문제를 위해 조금 더 노력해야 해.

캐나다 : 폐기물 생성
호주 : 삼림 파괴
칠레 : 재활용
아랍에미리트 : 야생동물 보호
소말리아 : 생물 다양성

생활 속 실천 방법 셋

우리도 건강한 땅을 만드는 데 도움을 줄 수 있어.
1. 녹지를 되살리는 일에 자원봉사하기.
2. 동네 공원 청소하기.
3. 지속 가능한 음식과 제철 음식, 식물성 식품 먹기.

찾아보기

100억 그루 나무 심기 23
가뭄 10, 24
건조지 7, 32
곡물유전자은행 31
곤충 호텔 27
국제 반건조열대작물 연구소 15
국제산림관리협의회 27, 29
국제식량농업기구 25
글로벌 기후변화 연합플러스 15
나미브–나우클루프트 국립공원 24
단작 13
도시화 10, 11
리그리닝 아프리카 애플리케이션 9
멸종위기종법 31
미세 플라스틱 21
박테리아 12, 18
분해자 8
사막화 24, 25
사막화 대응행동 25
사막화 방지와 사막을 위한 유엔의 10년 25
사바나 25
사하라사막 7, 30
살충제 16, 17, 26
생물 다양성 26, 27, 32
생산자 8
생태계 8, 9, 11, 16, 17, 22, 23, 25, 26, 27
생태계복원 10개년 계획 9

생태학자 27
샨수이보호센터 11
서식지 10, 28, 29
세계자연보전연맹 25, 26, 29, 30
세계 조의 해 15
세계 환경의 날 9
세계은행 18, 25
세계자연기금 25, 26, 31
소비자 8
스피룰리나 15
습지 7, 22
신포장재법 32
아일랜드전역 매개곤충계획 27
아프리카 녹색장성 23
야생동물포획단 31
열대우림동맹 27, 29
옥스팜 15
원플래닛 정상회의 23
유엔(UN) 7, 9, 15, 25, 28, 30
유엔환경계획 9, 27
유전자 변형 농산물(GMO) 16
인수공통감염병 8
재녹지화 25
적색목록 26, 28, 29, 30, 31
정밀농업 17
제초제 16, 17
종자은행 31

지구생명보고서 2020 26
지구의 날 21
지구환경기금 11, 27
집약적 농업 10
천산갑 30, 31
코로나19 8
코뿔소살리기협회 31
퇴비 18, 19, 21, 29
황폐화 10, 11, 12, 15, 22, 24, 25, 26, 29

글 | 새런 테일러
작가이자 교사로 골드스미스대학교와 데몬트포트대학교에서 공부하고, 2006년에 박사 학위를 받았습니다. 브램블키즈 출판사에서 출간한 여러 과학 책과 연극·예술 관련 책에서 작가이자 편집자, 디자이너로 활약했습니다.

그림 | 엘리사 로치
이탈리아 볼로냐에서 태어났습니다. 어릴 때부터 그림 그리기와 이야기 짓기를 좋아했고, 볼로냐의 예술 고등학교와 예술 아카데미에 다니면서 그림 기법을 닦았습니다. 현재 밀라노에서 살며 어린이 책의 삽화를 그리고 있습니다.

옮김 | 김영선
서울대학교 영어교육과를 졸업하고, 미국 코넬대학교에서 문학 석사 학위를 받았으며 언어학 박사 과정을 수료했습니다. 2010년 《무자비한 월러비 가족》으로 IBBY(국제아동도서위원회) 어너리스트(Honour List) 번역 부문의 상을 받았습니다. 어린이와 청소년을 위한 책을 우리말로 옮기는 일에 힘쓰며 지금까지 200여 권을 번역했습니다. 옮긴 책으로 《제로니모의 환상 모험》, 《구덩이》, 《수상한 진흙》, 《수요일의 전쟁》 등이 있습니다.

감수 | 윤순진
서울대학교 환경대학원 교수이며 한국환경사회학회 회장과 지속가능발전위원회 위원장을 역임하였습니다. 환경 에너지 문제와 기후변화 문제를 환경사회학과 정치경제학적 관점에서 연구하고 있으며, 국내외 학술지에 200여 편의 논문을 게재했고 60여 권의 국영문 단행본 출간에 공저자로 글을 발표하였습니다.

슬기로운 지구 생활
03 건강한 숲과 땅

초판 1쇄 인쇄 2022년 5월 4일 **초판 1쇄 발행** 2022년 5월 25일

글쓴이 새런 테일러 **그린이** 엘리사 로치 **옮긴이** 김영선 **감수** 윤순진
펴낸이 김선식

경영총괄 김은영
어린이사업부총괄이사 이유남
어린이콘텐츠사업6팀장 윤지현 **어린이콘텐츠사업6팀** 강별
어린이디자인팀 남희정 남정임 이정아 김은지 최서원
어린이마케팅본부장 김창훈 **어린이마케팅1팀** 임우섭 최민용 김유정 송지은 **어린이 마케팅2팀** 문윤정 이예주
저작권팀 한승빈 김재원 이슬
경영관리본부 하미선 이우철 박상민 윤이경 김재경 최완규 이지우 김혜진 오지영 김소영 안혜선 김진경
물류관리팀 김형기 김선진 한유현 민주홍 전태환 전태연 양문현
외부스태프 편집 홍효은 **디자인** 러비

펴낸곳 다산북스 **출판등록** 2005년 12월 23일 제313-2005-00277호
주소 경기도 파주시 회동길 490 **전화** 02-704-1724 **팩스** 02-703-2219
다산어린이 카페 cafe.naver.com/dasankids **다산어린이 블로그** blog.naver.com/sdasan
용지 한솔피엔에스 **인쇄** 한영문화사 **제본** 대원바인더리 **코팅 및 후가공** 평창피앤지

ISBN 979-11-306-8894-7 74400 979-11-306-8891-0 (세트)

* 책값은 표지 뒤쪽에 있습니다.
* 파본은 본사와 구입하신 서점에서 교환해 드립니다.
* KC마크는 이 재품이 공통안전기준에 적합하였음을 의미합니다.

All Together : Clean Land
Copyright © 2021 BrambleKids Ltd
Korean translation copyright © 2022 Dasan Books
Korean translation rights arranged with BrambleKids Ltd through LENA Agency, Seoul.
All rights reserved.

이 책의 한국어판 저작권은 레나 에이전시를 통한 저작권자와 독점계약으로 다산북스가 소유합니다.
신저작권법에 의하여 한국 내에서 보호를 받는 저작물이므로 무단 전재 및 복제를 금합니다.